À LA FERME

LES COCHONS

Hannah Ray

Texte français du Groupe Syntagme inc.

Éditions
SCHOLASTIC

Édition publiée par les Éditions Scholastic,
604, rue King Ouest, Toronto (Ontario) M5V IEI

5 4 3 2 I   Imprimé en Chine   08 09 10 II 12

Catalogage avant publication de Bibliothèque
et Archives Canada

Ray, Hannah
Les cochons / Hannah Ray;
texte français du Groupe Syntagme.

(À la ferme)
Traduction de : Pigs.
Pour enfants de 4 à 8 ans.

ISBN 978-0-545-99288-6

I. Porcs--Ouvrages pour la jeunesse. I. Titre.

SF395.5.R3914 2008   j636.4   C2008-900062-5

Texte de Hannah Ray
Conception de Liz Wiffen
Consultante : Sally Morgan
Recherche de photos : Joanne Forrest Smith
Illustrations de Chris Davidson
Direction artistique : Zeta Davies

Références photographiques

Légende : h = haut, b = bas, c = centre,
g = gauche, d = droite, PC = page couverture

Alamy / Penny Boyd 7, David Hoffman Photo Library 5,
Holt Studios/Sarah Rowland 17 h, Renee Morris 4, II;
Corbis / Claro Cortes IV 19, Robert Dowling 16 h, Owen
Franken 15 b, Peter Worth 9; **FLPA** /Jurgen & Christine
Sohns 16 b; **Getty Images** /Peter Cade 8 b, Robert Daly
14, Bob Elsdale 13, 22, Bill Ling 6, Thorsten Milse PC, g, 8
h, Anthony Nagelmann 10, Ryan Pierse 18, Robert Ross 17
b, Andy Sacks 12.

TABLE DES MATIÈRES

Les mots en **gras** figurent dans le glossaire, à la page 22.

Les cochons à la ferme

Sais-tu d'où viennent le jambon et le bacon?
Et les saucisses de porc qu'on fait cuire sur
le barbecue? Et les poils de tes pinceaux ?
Tout cela vient des cochons.

5

INFO-FERME
Les cochons sont aussi appelés porcs, ou plus rarement verrats ou pourceaux.

Partout dans le monde, des fermiers élèvent des porcs. Ces animaux nous fournissent de la viande que l'on peut manger sous diverses formes. On trouve des cochons partout sur la planète, sauf en Antarctique.

Le cochon, du groin à la queue

Un porc adulte mesure environ 80 cm
de hauteur et pèse environ 90 kg.
C'est plus de quatre fois le poids
d'un enfant de six ans!

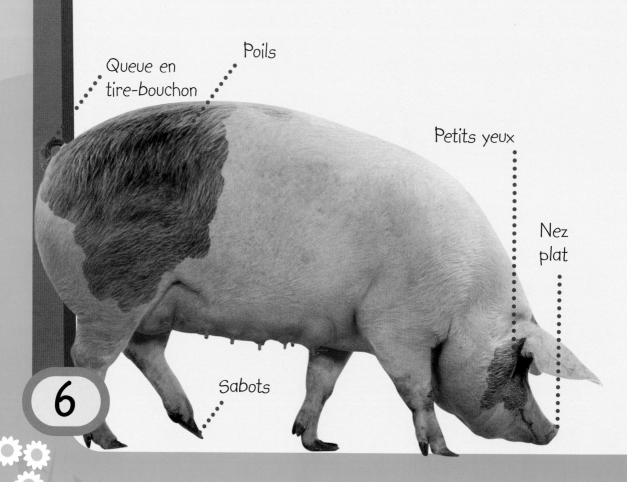

Queue en
tire-bouchon

Poils

Petits yeux

Nez
plat

Sabots

Dans certains pays, il existe encore des porcs sauvages. Ce sont des sangliers. Certains sangliers ont des **défenses**.

Taille d'un enfant de six ans

Taille d'un cochon

INFO-FERME
Les cochons ont quatre doigts par patte, mais ils en utilisent seulement deux pour marcher. On dirait parfois qu'ils marchent sur la pointe des pieds!

7

Une vie de cochon...

Comment appelle-t-on un *bébé* cochon? Un porcelet. Avant de naître, le porcelet grandit dans le ventre de sa mère pendant 16 semaines. La maman du porcelet, c'est-à-dire la truie, peut donner naissance à environ 18 petits en une seule **portée**.

Pendant les premières semaines de leur vie, les porcelets tètent le lait de leur mère.

Une truie en train de nourrir ses petits

Ces porcelets basques ont environ 14 semaines.

INFO-FERME
Le plus gros porc
du monde s'appelait Big Bill
(gros Bill). Il pesait 1158 kg.
Il faut 14 hommes pour
égaler ce poids!

Deux semaines après leur naissance, les porcelets tètent encore leur mère, mais ils commencent à manger des **céréales**, des plantes et des résidus végétaux.

À sept mois, une femelle est assez grande pour avoir des petits. Habituellement, les truies **mettent bas** deux fois par année.

Dans une ferme, les cochons peuvent vivre de 10 à 15 ans.

Sale, le cochon?

Beaucoup de gens croient que les cochons sentent mauvais, qu'ils sont sales et un peu stupides, mais tout cela est faux.

Les cochons sont très intelligents. En fait, ils sont plus intelligents que les chiens et les chats.

INFO-FERME
Quand il fait chaud, les cochons utilisent la boue pour se protéger des rayons du soleil. Ils peuvent attraper un coup de soleil, tout comme toi!

Les cochons ne se roulent pas dans la boue parce qu'ils aiment se salir. Ils le font pour se rafraîchir, parce qu'ils ne **transpirent** pas.

Les cochons gardent leur **litière** très propre. Ils vont faire leurs besoins le plus loin possible de l'endroit où ils dorment.

Copains-copains

Les cochons sont très affectueux. Ils utilisent jusqu'à 20 sons différents pour se parler.

Les porcelets, dès leur naissance, se rapprochent de leur mère lorsqu'elle les appelle. Dès qu'ils ont cinq à dix jours, leur mère les encourage à s'éloigner un peu d'elle pour qu'ils rencontrent d'autres cochons.

Les porcelets sont des animaux très joueurs. Ils adorent se chamailler et lancer des choses dans les airs, juste pour le plaisir!

13

Du porc aux pinceaux

Les cochons sont élevés surtout pour leur viande, mais ils nous donnent d'autres choses aussi. Leur peau, c'est-à-dire leur cuir, est utilisée pour faire des gants, des portefeuilles, des sacs à main et des ceintures.

Avec la viande de porc, on fait des saucisses, du bacon, du jambon et des rôtis.

Dans certains pays, comme la France, on utilise les cochons pour trouver des champignons rares, les truffes, qui poussent sous terre. Grâce à leur extraordinaire odorat, les cochons repèrent les truffes; puis ils creusent la terre avec leur groin pour les déterrer.

14

Un cochon à la recherche de truffes

INFO-FERME
Les poils qui recouvrent la peau du cochon servent à faire des pinceaux spéciaux, appelés pinceaux en **soies** de porc.

15

Cochons du monde entier

PORCS DU YORKSHIRE

Ces cochons, qui viennent du Yorkshire, ont une drôle de tête. Ils ont très bon caractère et sont très...bavards.

PORCS DE SCHWÄBISCH-HALLE

Ces cochons viennent d'Allemagne et sont réputés pour leur viande. On les reconnaît à leur tête et leur queue noires.

INFO-FERME
Le plus petit cochon
est le sanglier pygmée.
Les mâles mesurent
65 cm de long, 25 cm
de haut, et pèsent
de 8 à 9 kg.

PORCS GLOUCESTER OLD SPOT

Ces gros cochons sont d'une très vieille race anglaise. On les appelait autrefois « cochons des vergers » parce qu'ils mangeaient les pommes qui tombaient des pommiers dans les **vergers**.

POTAMOCHÈRES
OU SANGLIERS DE BROUSSE

Ces cochons sauvages, peu communs, vivent en Afrique de l'Ouest et en Afrique centrale. Ils se reposent le jour et sont actifs la nuit.

17

Cochons et traditions

FRANCE

En août, chaque année, dans une ville du sud de la France, les gens célèbrent le cochon sous toutes ses formes. Il y a un prix pour le plus beau costume de cochon, une course de cochons et même un concours d'**imitation** du cochon!

Course de cochons dans le sud de la France

PHILIPPINES

Tous les ans, au mois de juin, on apporte des porcs rôtis dans les villages des Philippines, puis on les mange à l'occasion d'une grande fête. Les porcs rôtis sont appelés « lechons ».

CHINE

En Chine, chaque année est associée à un animal. Chaque animal revient tous les douze ans. Les personnes nées pendant l'année chinoise du cochon disent toujours la vérité et font de très bons amis. Elles essaient toujours de donner le meilleur d'elles-mêmes.

INFO-FERME
Les cochons savent nager! En Amérique, une truie nommée Priscilla aurait même sauvé la vie d'un petit garçon qui était en train de se noyer!

19

Fabrique ta propre tirelire

Pour fabriquer cette amusante tirelire, tu auras besoin de beaucoup de papier journal découpé en languettes, de colle à papier peint, d'un ballon à gonfler, d'une boîte à œufs, d'un cure-pipe, de ruban adhésif, d'un marqueur et de beaucoup de peinture rose.

1 Gonfle le ballon. Colles trois ou quatre couches de papier journal dessus, avec beaucoup de colle à papier peint.

2 Laisse le tout sécher jusqu'au lendemain. Ensuite, fais éclater le ballon et sors-le de la boule. Tu as le corps de ton cochon-tirelire.

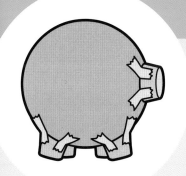

Tu n'es pas obligé de peindre ton cochon en rose. Tu peux faire un cochon à pois, à rayures ou même à fleurs! Utilise des couleurs vives!

3 Dans la boîte à œufs, découpe quatre pattes et un groin, puis deux oreilles, que tu colleras sur le corps de ton cochon.

4 Tords le cure-pipe pour en faire une queue en tire-bouchon, que tu colleras avec du ruban adhésif.

5 Peins ton cochon-tirelire et laisse-le sécher. Ensuite, dessine-lui des yeux et un large sourire.

6 Demande à un adulte de découper une fente sur le dessus de la tirelire, pour pouvoir la remplir de pièces de monnaie.

21

Glossaire et index

céréales   plantes qui donnent, par exemple, des grains de blé, d'orge ou de seigle

défenses   dents généralement longues et recourbées, qui sortent de la bouche de certains mammifères; par exemple, les défenses d'un sanglier, d'un éléphant

imitation   le fait de copier ou de faire semblant d'être quelque chose ou quelqu'un d'autre

litière   paille, feuilles sèches ou fourrage répandus sur le sol, où les animaux peuvent se coucher

mettre bas   accoucher, en parlant des animaux

portée   ensemble des petits nés en même temps

soies   poils épais qui poussent sur la peau du porc, utilisés pour faire des pinceaux

transpirer   phénomène qui se produit lorsqu'on a chaud : notre corps se couvre d'humidité (transpiration), ce qui le rafraîchit

verger   terrain planté d'arbres fruitiers

22

23

Idées à l'intention des enseignants et des parents

- Créez une affiche représentant des cochons. Sur une grande feuille de papier, dessinez le contour d'un cochon. Cherchez dans des bandes dessinées, des magazines et des journaux, et découpez tout ce qui a un lien avec les cochons. Rassemblez aussi des retailles de tissu rose, des boutons ou des rubans roses. Utilisez tous ces objets pour décorer le cochon.

- Faites des recherches sur différentes espèces de cochons et créez des fiches pour comparer les races préférées des enfants.

- Visitez une ferme pour enfants afin de voir de vrais cochons.

- Aidez les enfants à dresser la liste de toutes les histoires qu'ils connaissent où il est question de cochons, par exemple, « Les trois petits cochons. »

- Trouvez des poèmes sur les cochons et aidez les enfants à composer un poème amusant de leur cru. Utilisez le plus de mots possible qui contiennent les sons « c » et « ch ». Essayez d'écrire le poème en lui donnant la forme d'un cochon.

- Amusez-vous avec les enfants à imiter les sons émis par les cochons. Qui peut renifler le plus bruyamment?

- Faites un mot-mystère simple pour les enfants en vous servant du vocabulaire tiré du livre.

- Créez une grande peinture avec les empreintes de pouce des enfants. Aidez-les à dessiner une ferme sur une grande feuille de papier; demandez-leur de tremper leur pouce dans de la peinture rose, puis de faire des empreintes sur le dessin. Une fois la peinture sèche, à l'aide d'un marqueur, ajoutez des pattes, une queue en tire-bouchon, un groin, des yeux et un grand sourire à chaque cochon.

- Fabriquez un masque de cochon à l'aide d'une assiette de papier. Peignez l'assiette en rose et faites des trous pour les yeux. Découpez une paire d'oreilles tombantes dans du feutre rose et collez-les de chaque côté de l'assiette. Ajoutez un groin que vous aurez découpé dans une boîte d'œufs et dessinez un sourire à votre cochon. Percez des trous de chaque côté du masque et enfilez-y un élastique pour que les enfants puissent le porter.

24